www.tredition.de

AF217716

Wolf Lengwenus

Auf Ozeanen für die DDR

Geschichte der Hochseefischerei

www.tredition.de

© 2021 Wolf Lengwenus

Verlag und Druck:
tredition GmbH, Halenreie 40-44, 22359 Hamburg

ISBN

Paperback: 978-3-347-31571-6

Hardcover: 978-3-347-31572-3
e-Book: 978-3-347-31573-0

Wolf Lengwenus

Diplom-Biologe, geboren 1956 in Kupfermühle bei Flensburg. Studium der Biologie mit den Fächern Zoologie, Fischereiwissenschaft und Botanik. Als TV-Autor realisierte er seit 1984 mehr als 300 Dokumentationen, Reportagen und Magazinbeiträge für den NDR und andere ARD-Anstalten. Er beschäftigte sich hauptsächlich mit naturwissenschaftlichen Themen und rezensierte von 1991 bis 1999 zahlreiche Publikationen für das Bücherjournal des NDR. Von1988 bis 2017 war er in verschiedenen Positionen für die ARD-Sendereihe „Expeditionen ins Tierreich" tätig und arbeitete am Anfang seiner Tätigkeit mit Heinz Sielmann zusammen. Von 2001 bis 2017 zeichnete er außerdem als Redakteur für die NDR-Sendereihe „Länder Menschen Abenteuer" verantwortlich. Heute ist er als freier Autor tätig.

Dem kleinen Buch liegt der Sprechertext zur zweiten Folge der fünfteiligen NDR-Reihe FISCHFÄNGER zugrunde. Die Reihe wurde von 1997 bis 2001 gedreht. Die Erstausstrahlung fand vom 3. August bis 31. August 2001 im NDR-Fernsehen statt.

INHALT

PROLOG

„Wir haben es gewusst als die Verhandlun-
gen zum Einigungsvertrag einsetzten, was
sich da entwickelt. Aber so ging es vielen
Industriezweigen. Wir empfanden das als
plattmachen."

Gert Gippner, Fangleiter Fischkombinat
Rostock:

EINFÜHRUNG

Rostock-Marienehe, das war bis zur Wiedervereinigung Heimathafen der größten deutschen Fischfang-Reederei. In seiner besten Zeit beschäftigte der *„Volkseigene Betrieb Fischkombinat Rostock"* 16.000 Menschen und besaß mehr als einhundert Schiffe, darunter schwimmende Fabriken von gigantischen Ausmaßen.

Der Aufstieg der DDR zu einer der bedeutendsten Fischfangnationen der Welt begann aber nicht in der alten Hansestadt, sondern in Sassnitz auf Rügen. Ausschlaggebend für die Wahl des Standortes waren damals die kurzen Anmarschwege zu den ergiebigen Fangplätzen der mittleren Ostsee. Berühmt war Sassnitz für seine 26-Meter-Kutter. Das letzte Schiff dieser Klasse, die *STERNHAI (SAS 320)*, lief 1959 bei der Elbewerft Boizenburg von Stapel.

Fritz Peters war Geschäftsführer der *„Fischergenossenschaft Sassnitzer Seefischer"*, die nach der Wende gegründet wurde. Er ermutigte die Kapitäne zum Kauf der volkseigenen Schiffe. Doch die Privatisierung war trotz vollmundiger Versprechen schwierig.

Fritz Peters, ehemaliger Geschäftsführer der Fischereigenossenschaft Sassnitzer Seefischer: „Ich werde das nie vergessen, 1990 saßen wir in unserer Halle mit den Politikern, Abgeordneten von den damals führenden Parteien SPD und CDU. Und die malten uns die rosigste Zukunft, sprachen von drei großen Fördertöpfen, die quollen förmlich über vor Geld. Und nun müsst ihr nur das Geld nehmen und dann müßt ihr mal loslegen, sagten sie uns. Es war einmal der Fördertopf von Brüssel, dann der vom Bund und der dritte vom Land. Aber schließlich kamen wir aus einer anderen Wirtschaftsform und mussten erst einmal unseren ganzen Mut zusammen nehmen - besonders die Kapitäne - um sich dann zu privatisieren. Wir haben es dann getan. Aber mit dieser Förderung, die an sich sehr gut gewesen ist, war immer ein Teil Eigenkapital die Bedingung, aber ein Fischer aus dem Osten, der hatte kein großes Eigenkapital."

Etwa 1000 Menschen verloren durch die Abwicklung des *„VEB Fischfang Saßnitz"* ihren Arbeitsplatz, wie zum Beispiel der Ausrüstungsinspektor Klaus-Peter Poppitz. Als ich ihn 1997 besuchte, erinnerte nicht mehr viel an die große Zeit der Sassnitzer Fischerei. In einem baufälligen Schuppen lagerten aber noch ein paar Ersatzteile von Motoren.

Klaus-Peter Poppitz, ehemaliger Ausrüstungsinspektor „VEB Fischfang Saßnitz": „Es hat uns natürlich schmerzlich getroffen, dass mit der Vereinigung der Betrieb gewissermaßen abgewickelt worden ist und uns damit die Arbeitsplätze genommen worden sind. Wir hatten bis zur Wende ein Flottenvermögen von fünfzig Kuttern, davon sind elf in die Privatisierung gegangen. Es ist eine große Leere in den Hafen eingezogen und hat vielen Familien die Existenzgrundlage genommen. Das kann uns nicht fröhlich stimmen."

SOWJETISCHE MILITÄRVERWALTUNG

Rückblende 1945: Das Dritte Reich ist zusammen-
gebrochen. Die Sowjetunion übernimmt die Militär-
verwaltung zwischen Elbe und Oder. Aus den abge-
trennten Ostgebieten strömen Millionen Menschen
gen Westen und verschlimmern die ohnehin katastro-
phale Versorgungslage in der Besatzungszone. Im Be-
fehl Nummer 11 der SMAD, der Sowjetischen Militär-
administration, vom 11. Januar 1946 fordert der zu-
ständige Offizier Oberst Wakurow die Deutschen auf,
zur Versorgung der eigenen Bevölkerung und der Ro-
ten Armee eine Fischfangflotte aufzubauen. Es war ein
schwieriger Beginn. Die Boote befanden sich in einem
trostlosen Zustand. Wracks blockierten die Häfen, und
es war fast unmöglich Ersatzteile zu bekommen. Zur
besseren Versorgung der Bevölkerung konnten die
wenigen Boote kaum beitragen. Die Ausgangslage
zum Aufbau einer Fischereiwirtschaft war ungünstig.
Die Hochseereedereien und Verarbeitungsbetriebe befanden sich fast ausschließlich an der Nordsee. Keine
zwei Prozent der Jahresfangmenge des Deutschen
Reiches wurden vor dem Zweiten Weltkrieg in den Häfen Mecklenburgs und Vorpommerns gelöscht. Auch
der Fischhandel musste von Grund auf neu aufgebaut
werden, damit die verderbliche Ware schnell zum

Verbraucher kommen konnte. Es war eine Zeit der Improvisation, an die sich die alten Fischer wie Fritz Peters gern zurückerinnerten:

Fritz Peters, ehemaliger Geschäftsführer der „Fischereigenossenschaft Sassnitzer Seefischer": „Ja, es war schwierig. Wir hatten damals kein richtiges Ölzeug. Und wenn ich an diese Seepullover denke, wenn die einmal eine See abbekommen hatten, hingen die bis unten an die Knie. Es war damals eine richtige Gründerzeit, mit viel Liebe zum Beruf."

Die Fischer hatten nicht nur mit schlechter Ausrüstung zu kämpfen, es drohte auch Gefahr. DDR-Wochenschau: „Vieles birgt das Meer in sich. Da, eine Mine! Boje setzen! Netz kappen!"

Während die Westmächte in ihren Zonen schon bald auf Demontagen verzichteten, bestand die Sowjetunion auf Reparationen. Auch Schiffe mussten ausgeliefert werden. Doch die anhaltende

Nachkriegsnot und der Hunger zwangen die Sowjets dazu ihre Politik zu überdenken.

Werner Klawitter, ehemaliger Pla-
nungsleiter „VEB Fischkombinat Rostock":
„November 1948 wurden wir zu einer Bera-
tung in die Landesleitung der SED einge-
laden. Es war dort Oberst Wakurow von
der SMAD in Karlshorst, um uns zu erläu-
tern, dass die Sowjetunion auf einen
Teil ihrer Reparationen im Fischerei-
fahrzeugbau verzichtet, und zwar machte
er solche Andeutungen, dass praktisch
etwa hundert Kutter zur Disposition
standen und später auch Logger."

Am 7. Februar 1949 wurden in Sassnitz die ersten
Kutter feierlich in Volkseigentum überführt - wie es of-
fiziell hieß. Ein Jahr später kamen die Logger wie die
FRIEDRICH ENGELS. Bald ragten mehr Masten in den
Himmel als zur Blütezeit der Segelschiffe im Neun-
zehnten Jahrhundert.

GRÜNDUNG DER DDR

Mit sozialistischem Pomp wurde im Oktober 1949 die Gründung der DDR gefeiert. Auch die neue Regierung förderte den weiteren Aufbau der Fischerei mit allen Kräften, doch Sassnitz war längst zu klein geworden.

Deshalb entschied die Führung, einen zweiten Fischereihafen zu bauen. Er erstand auf dem Gelände der zerstörten Heinkel-Flugzeugwerke in Rostock-Marienehe, dort sollten in Zukunft die größeren Schiffe der Flotte stationiert werden. Im Vergleich zur Fischerei ging der allgemeine Wiederaufbau nur schleppend voran. Die Unzufriedenheit der Bevölkerung wuchs. Dinge des täglichen Bedarf blieben Mangelware, deshalb wurde Anfang der Fünfziger Jahre die Konsumgüterindustrie angekurbelt. Am 9. und 11. Juni 1953 fasste der Ministerrat der DDR Beschlüsse zur schnelleren Hebung des Lebensstandards der Bevölkerung, wie es im Zentralorgan der SED, „Neues Deutschland", verkündet wurde. Im Wettkampf der Systeme wollte man möglichst unabhängig sein vom kapitalistischen Westen. Für Importe waren die Devisen ohnehin knapp. Im Sommer 1953 lieferten die

Bäckereien Kuchen zum ersten Mal ohne Lebensmittelmarken und wichtige Gebrauchsartikel wie Töpfe, Kessel und Siebe wurden von Betrieben der Schwerindustrie in den Handel gebracht. Politisch nicht erpreßbar zu sein, sich aus eigener Kraft zu versorgen. Das konnten die Fischer versprechen. Und so wurden immer bessere Schiffe gebaut, die auch den rauen Gewässern im Nordatlantik gewachsen waren.

ROS 202

Mit der *ROS 202* lief 1952 der erste Seitentrawler der DDR zur Jungfernfahrt aus. Mit diesem neuen Schiffstyp wollte man teilhaben an der Ausbeutung der reichen Fanggründe vor Norwegen und Island. Die starken Maschinen machten es möglich, auch noch bei Windstärken von sieben bis acht zu fischen.

Gert Gippner, Fangleiter „VEB Fischkombinat Rostock": „Der erste Dorsch, den wir fingen, es gab ja damals nicht so viele Cremes wie heute. Dem wurde die Leber entnommen und mit dieser haben wir uns die Hände eingecremt, um in der Barentsee im Oktober die Finger nicht erfrieren lassen zu müssen."

Im Volksmund wurden die Fischer „Hochsee-Sträflinge" genannt, obwohl sie gute Heuer bekamen. Um ihr Image aufzupolieren bekam die DEFA 1956 den Auftrag, den Dokumentarfilm „Vom Alex zum Eismeer" zu drehen, einen romantisch-verklärenden Streifen. Die Titelmelodie des Films wurde sofort ein Schlager

„Unser Kurs geht nach Norden in die
Barentsee,
unsere Netze bringen morgen reichen
Fang.
Liebes Kind, sei nicht traurig, wenn
ich von Dir geh´,
unsere Trennung, Mädel, dauert ja
nicht lang.
Bei der Arbeit an der Winsch, auf der
Wache nachts an Bord,
denk ich Dein, denn für Dich ging ich
fort.
Eines Tages stehst Du fröhlich win-
kend auf dem Kai,
denn dann komme ich zurück aus der
Barentsee."

Die Darstellung von Abenteuer und Kameradschaft lockte wieder mehr junge Männer zur Fischerei. Auf Nachwuchs war man angewiesen, denn immer mehr Menschen verließen die DDR aus wirtschaftlichen und politischen Gründen Richtung Bundesrepublik. „Abstimmung mit den Füßen" nannte man das in Westdeutschland. Doch fast unbemerkt von der Öffentlichkeit gab es auch eine Wanderungsbewegung in den Osten, von winzigem Ausmaß zwar, aber doch erwähnenswert. Vor allem Kapitäne und Steuerleute mit großen und kleinen Patenten lockte die Möglichkeit ein eigenes Schiff zu führen.

Heinz Roesner, ehemaliger Fangdirektor „VEB Fischkombinat Rostock": „Ich wusste genau, wie schwierig das Leben hier ist, aber auch in Westdeutschland, in Hamburg und so weiter war das Leben noch nicht so, wie es heute ist. Und deshalb war die Entscheidung auch gar nicht so schwer. Ich hatte keine politischen Motive. Ich habe nur gesehen, es wird hier ´was getan, die Möglichkeiten weiterzukommen sind irgendwann gegeben, wie genau auch in Westdeutschland damals. Naja, wo die Liebe hinfällt, meine damalige Frau kam aus dem Osten, das war mein Hauptgrund in die DDR zu gehen.

Die Reisen führten immer weiter in den Atlantik hinaus bis vor Grönland. Da der Fisch nach wie vor nicht gefroren, sondern nur in Eis gelagert wurde, musste er spätestens nach vierzehn Tagen in Rostock angelandet werden, damit er noch frisch war. So wurden die Fangfahrten trotz nicht gefüllter Laderäume häufig abgebrochen. Doch man fand eine Lösung des Problems.

EINFÜHRUNG DER FLOTILLENFISCHEREI

Zur Durchsetzung der Beschlüsse des sechsten Parteitages der SED zur Beschleunigung des wissenschaftlich-technischen Fortschritts, wurde in der Hochseefischerei die Flotillenfischerei eingeführt. Die Seitentrawler übergaben ihre Fänge in sogenannten Übergabesteerten ihrem Mutterschiff. Die Methode war einfach und praktikabel. Am 2. Oktober 1960 übergab der Seitentrawler *ROS 208* zum ersten Mal seinen Fang an das neu in Dienst gestellte Transport- und Verarbeitungsschiff *MARTIN ANDERSEN NEXÖ*. Eigentlich waren die Seitentrawler damals schon veraltet, aber im Verbund mit der *NEXÖ* wurde die Fangzeit erheblich gesteigert, die Ressourcen besser ausgebeutet und die Kosten gesenkt. Immer neue Fangplätze wurden erschlossen.

In Sassnitz und Rostock wurde in der Zwischenzeit kräftig investiert und neue Fischfabriken errichtet. Denn mit dem Eiweiß aus dem Meer wollte man sich endgültig unabhängig machen von Importen aus dem Westen. An der Warnow entstand ein zusätzlicher Kai von über einem Kilometer Länge. In den Sechziger Jahren war das Fischkombinat mit einer Flotte von

101 Schiffen zur größten deutschen Fischfangreederei aufgestiegen.

DDR im Aufbau: „Wismar, Stapellauf eines Fang- und Verarbeitungsschiffes für die Hochseefischerei-Flotte. Die Schauspielerin Helene Weigel wurde herzlich begrüßt. Sie taufte das Schiff auf den Namen BERTOLT BRECHT. Allzeit gute Fahrt und guten Fang. Leicht und sicher glitt der 86 Meter lange Riese in sein Element. Nach der Ausrüstung wird das Schiff von einer Fahrt fast 700 Tonnen verarbeiteten Fisch, fertige Leberkonserven sowie Fischkuchen und Tran mit nach Hause bringen"

Die Revolution in der Fischerei fand schon 1960 statt. Die *BERTOLT BRECHT* war eines der ersten kombinierten Fang- und Verarbeitungsschiffe der Welt. Alles an diesem Schiffstyp war neu. Das Aussetzen und Einholen des gesamten Fanggeschirrs erfolgte mit Maschinen über Heck. Transportbänder führten den Fisch unter Deck zum Sortieren. Kabeljau, Rotbarsch, Hering und Schellfisch passierten dann eine spezielle Verarbeitungsstraße, wo sie durch Maschinen der

Firma *Rudolf Baader* aus Lübeck automatisch geköpft, ausgeweidet, enthäutet und filetiert wurden. Sammelbänder brachten die Filets zu den Gefrieranlagen. Es herrschten fabrikmäßige Produktionsmethoden. In vierundzwanzig Stunden konnten auf der *BERTOLT BRECHT* zwanzig Tonnen Filet produziert werden. Über Förderschnecken und Bänder liefen die Abfälle zur Fischmehlanlage.

DIE BLÜTEZEIT

Es war die beste Zeit der DDR-Fischerei. Noch waren die Fangplätze im Nordatlantik ergiebig und die Georges Bank vor der Küste Nordamerikas schien unerschöpflich.

DDR-Wochenschau: „Jetzt gibt es keine Pause, Tag und Nacht, rund um die Uhr. Was das Meer hergibt, muss auch unter Deck. Hohe Fangergebnisse zu erreichen, sie immer wieder zu steigern, das bedarf heute weitaus größerer Anstrengungen als noch vor zehn oder gar vor zwanzig Jahren. Also werden neue Anforderungen an die wissenschaftliche Organisation des Fischfanges gestellt, muss die Forschung besser genutzt werden und die Planung ein höheres Niveau erreichen."

1971 erzielten die Rostocker Fischer mit 223.000 Tonnen Fisch ein Rekordergebnis.

Heinz Roesner, ehemaliger Fangleiter „VEB Fischkombinat Rostock": „Wir haben damals keinen Verträgen zugestimmt. Wir konnten wirklich wilde Fischerei machen und ich muss sagen, es war auch wilde Fischerei. Es wurde zum Beispiel auf der Georges Bank im Golf von Maine südlich von Boston in Saisonzeiten ungeheuer viel Makrele gefangen. Und es gab von meinen Kollegen auf den Fang- und Verarbeitungsschiffen einige, die haben gefangen - meinetwegen in zehn Minuten 300 Korb, also 300 Zentner. Die wurden an Deck geholt. Der Produktionsleiter, der sie zu verarbeiten hatte, zu filetieren, der sagte: also Kapitän in einer Stunde, dann sind die ersten weich, dann schmeißen wir die außenbords beziehungsweise ins Fischmehl und sie müssen dann neu aussetzen und einen neuen Hol machen. Und das war natürlich absolute Verschwendung. Es wurde dort das Mehrfache von dem gefangen, was verarbeitet werden konnte. Es wurde vergeudet, das gab es."

Nachfrage: „Aber konnte man das nicht per Direktive verbieten?"

Heinz Roesner: „Welches Interesse sollten wir haben? Wir hatten kein Interesse. Das Wort Umweltschutz oder so etwas war in der DDR ein Fremdwort. Oder wenn sie das gebraucht haben, waren sie westlich angehaucht, das durfte man nicht machen."

SCHWIMMENDE FABRIKEN

Mit der *JUNGE GARDE* und ihrem Schwesterschiff der *JUNGE WELT* wurden 1967 die größten Schiffe der deutschen Fischerei, die je die Weltmeere befuhren, in Dienst gestellt. Die über 140 Meter langen schwimmenden Fischfabriken waren der Stolz der ganzen DDR. Eine Frostkapazität von 120 Tonnen pro Tag garantierten die vom *„Volkseigenen Betrieb Kühlautomat Berlin"* gelieferten Gefriereinrichtungen. Davon 40 Tonnen in Luftgefrierapparaten, die sich besonders zum Frosten von Ganzfisch und Fischfilet eigneten. 80 Tonnen täglich verarbeiteten die beiden Plattenfrosterstraßen, die mit der Beschickungskassette gefüllt wurden. Eine(!) Arbeitskraft bediente diese Straßen, in denen jeder Apparat in 120 Minuten 800 Kilo Fisch frostete. Aus den gefrosteten Filetplatten wurden neue Produkte entwickelt. Doch die „Rostocker Fischsticks", wie in der DDR die Fischstäbchen genannt wurden, erfreuten sich am Anfang nicht gerade großer Beliebtheit. So musste man die Bevölkerung erst einmal auf den Geschmack bringen, zum Beispiel mit Koch- und Unterhaltungssendungen.

„Man fragt oft, wenn man es eilig hab´, was bring ich auf den Tisch? Die Antwort lautet klipp und klar, wer klug ist, der wählt Fisch. Soll unsere Mahlzeit recht gut geraten, der muss die Sticks in heißem Fett schön goldgelb braten. Damit das Meisterwerk genau so gut gelinge, nimmt man Milch und legt darein die Zwiebelringe. Sie werden in Mehl gewendet und danach gebraten und so schreitet man bereits zu weiteren leckeren Taten. Jetzt werden die Sticks mit Worcestersauce zart beträufelt und dann die Zwiebeln drauf gehäufelt. Ein Weißwein, spritzig und schön kühl, ist dazu Favorit. Wir wünschen Ihnen und auch uns recht guten Appetit.

DIE BEDEUTUNG DER TRANSPORTSCHIFFE

Die Staatsleitung versuchte die Fischer zu immer höheren Leistungen anzuspornen. Doch als dem Fischkombinat Rostock 1974 die höchste Auszeichnung der DDR, der Karl-Marx-Orden, verliehen wurde, gingen die Fangzahlen bereits zurück.

Gerd Gippner, ehemaliger Fangleiter „VEB Fischkombinat Rostock": „Dann gab es Erscheinungen der Überfischung, das haben, wir auch begriffen. Dem mussten wir uns aber stellen wir hatten ja einen Versorgungsauftrag: Fisch- und Fischwaren hier in Rostock anzulanden."

Nachfrage: „Also fischen auf Teufel komm raus?"

Gerd Gippner: „Nicht fischen auf Teufel komm raus, aber effektiv fischen und die Zeit am Fangplatz so weit wie möglich nutzen."

Fischereistützpunkte in aller Welt wurden gegründet. Die wichtigsten lagen in Brasilien, Ghana, Guinea und vor allem auf Kuba, im sozialistischen Bruderstaat.

Spezielle Kühl- und Transportschiffe wie die *LICHTENHAGEN* wurden in Dienst gestellt, die den Transport des Fisches übernahmen. Nun konnten nicht nur die Trawler, sondern auch alle Fabrikschiffe in den Fanggründen bleiben. Auch die Versorgung der Flotte lief nun über die Spezialschiffe. Sie brachten frische Lebensmittel, hatten Dieselkraftstoff, Verpackungsmaterial und vom Schäkel bis zum neuen Netz Fischereiausrüstungen an Bord. Und sie brachten die Post aus der Heimat. Bis zu zwei Jahre blieben die Flotten nun in den Fanggründen. Ein so langer Einsatz war den Besatzungen und ihren Angehörigen aber nicht zuzumuten, deshalb tauschte man ganze Schiffsbesatzungen aus. Während das Fangschiff mit der neuen Crew weiter fischte, flog die abgelöste Mannschaft zum Urlaub in die Heimat. Nach etwa zwei Wochen machte sich die Crew über den Flughafen Berlin-Schönefeld mit der Staatslinie Interflug wieder auf den Weg zu ihrem Arbeitsort auf See.

Zwischenstation waren Hafenstädte besonders in Afrika und in Amerika. Einige nutzen diese Stopps im Westen zur sogenannten Republikflucht.

Walter Cyrus, ehemaliger Technischer Offizier „VEB Fischkombinat Rostock": „Es war immer so, wenn so etwas passierte, dass i,rgendjemand weg blieb in irgendeinem fremden Hafen - oder manche sind ja auch im Sund außenbords gesprungen und sind dann von irgendwelchen Schiffen aufgenommen worden. Es war immer schwierig. Der Kapitän hatte beim Einlaufen kolossale Schwierigkeiten. Die Leute die unmittelbar mit ihm zu tun hatten, die bekamen dann auch Schwierigkeiten. Hatten sie es gewusst vorher? Hatten sie da Beihilfe zu geleistet? Man hat dann immer noch versucht diese Leute noch einmal zu treffen: Im Ausland bei der Fremdenpolizei oder wo sich die Immigranten melden mussten bzw. untergebracht waren. Man hat dann mit denen öfter noch ein Gespräch geführt,

die blieben dann natürlich alle hart-
näckig und sagten: Ich komme nicht wieder mit."

Die Flucht eines Fischers war immer auch ein wirt-
schaftlicher Verlust, denn der Staat steckte in die
Ausbildung sehr viel Geld. Rund zehntausend Hoch-
seefischer durchliefen die Betriebsberufsschule des
Rostocker Fischkombinats bis zu ihrer Abwicklung.
Um die „Abgänge" möglichst klein zu halten, legte
man bei den Offizieren zunehmend Wert auf Linien-
treue.

Walter Cyrus, ehemaliger Technischer
Offizier „VEB Fischkombinat Rostock":
„Es gab ja dann auch solche Dinge, dass
Kapitäne nur noch zu Kapitänen berufen
wurden, wenn sie vorher die Bezirkspar-
teischule besucht hatten und ein Jahr
als GdK, also als Politoffizier, gefah-
ren waren. Nur dann hatten sie die Möglichkeit als Kapitän berufen zu werden.
Es gab auch solche Situationen auf größeren Schiffen, wo der Erste Ingenieur

unbedingt Parteigruppenorganisator sein musste. Und wenn man nicht in der Partei war, konnte man auch nicht Parteigruppenorganisator werden, also konnte man auch nicht Erster Ingenieur werden. Und wenn man nicht Erster Ingenieur war, kann man auch niemals Leitender Ingenieur werden. Sodass dann schon ein gewisser Karriereknick gegeben war. Und die meisten haben dann diese Zugehörigkeit gewählt, um dann beruflich weiter zu kommen."

Von Problemen in der Flotte war in den Selbstdarstellungsfilmen des Rostocker Fischkombinats natürlich nie die Rede. Die Staats- und Parteileitung unterstrich immer wieder die Vorzugsbehandlung, die sie den Fischern für ihre harte Arbeit zum Wohl des Volkes garantierte.

DIE 200-MEILEN-ZONE UND IHRE AUSWIR-KUNG

Als nach 1975 immer mehr Länder ihre Fischerei-zonen auf 200 Seemeilen ausweiteten und so auch die Flotte der DDR von den ergiebigen Fangplätzen ver-drängte, begann die fieberhafte Suche nach neuen Ressourcen, zum Beispiel vor Mosambik. Das Land hatte der DDR die Fischereirechte überlassen, um die eigene Bevölkerung besser versorgen zu können. Nun wurde die Fischereiforschung ausgeweitet, ehrgeizige Projekte wurden entwickelt. Mit der *ERNST HAECKEL* erforschte man die Garnelenbestände vor Südostafri-ka, die Kalmarschwärme vor Argentinien und fuhr so-gar in den Südatlantik bis zur Eisgrenze, um den Fang von Krill zu testen. Eine Krebsart, deren Bestand da-mals als schier unerschöpflich galt. Der Vertrag mit Mosambik sah die Ausbildung heimischer Experten vor, die eine eigene Hochseefischerei aufbauen soll-ten. Es war eine Form der Bezahlung für die Fangli-zenz. Nicht nur sie, auch die Rostocker Fischer haben sich oft gewundert, was ihnen da so ins Netz ging - zum Beispiel Teufelsrochen, Kugelfische, Spinnen-krabben und Mondfische.

Gerd Gippner, ehemaliger „VEB Fangleiter Fischkombinat Rostock": „Wir konnten die Fische, oder Lebewesen, die wir am Patagonischen Schelf oder an der westafrikanischen Küste fingen, unserer Bevölkerung kaum anbieten. Die Schildmarkrele oder Sardinella gingen nicht mal in den miesesten Zeiten, aber der Bedarf der afrikanischen Länder war sehr groß. Wir konnten diese dort gefangene Ware an diese Länder verkaufen."

Vor allem für Kalmare bekam man harte Devisen. Doch um die Tintenfische auch nachts fangen zu können, musste erst einmal kräftig investiert werden. Lichtangelanlagen aus Japan wurden gekauft. Die Subventionen für die Hochseefischerei explodierten in allen Bereichen und stiegen bis auf eine Milliarde DDR-Mark jährlich. Der Verbraucher merkte von all dem nichts. Aus politischen Gründen wurde der Preis für Fisch wie beim Brot stabil gehalten. So kostete das Kilo Hering wie schon 1948 nur 1,02 DDR-Mark. Die Forschungsergebnisse der *ERNST HAECKEL* versprachen soviel Erfolg, dass man 1984 gleich eine ganze Flotte auf Kalmarfang schickte. Schon in der ersten Saison wurden mit den vollautomatischen Paternoster-Angelmaschinen 8900 Tonnen gefangen.

Heinz Roesner, ehemaliger Fangdirektor „VEB Fischkombinat Rostock": „Dann mussten wir auch Fangkonzessionen kaufen, was uns als Kombinat und damit auch der DDR sehr bitter aufgestoßen ist und sehr teuer wurde. Denn das waren harte Dollar, die wir für unsere Konzessionen hauptsächlich in Kanada, USA, Norwegen und Mauretanien zahlen mussten. Und zusätzlich kam es dann, dass auf jedes Fangschiff ein „Observer", ein Beobachter, aus dem jeweiligen Land draufgesetzt wurde, den wir zusätzlich noch bezahlen mussten. Und der hat nun natürlich streng darauf geachtet, dass die Maschengrößen in Ordnung waren, dass kein kleiner Fisch zuviel gefangen wurde und der Beifang durfte 5 Prozent nicht

überschreiten. Das war äußerst
schwierig für uns."

Fremden Nationen war das Fischen innerhalb der
200-Seemeilen-Zone in den USA nur in ganz be-
stimmten „Fenstern" erlaubt. Wer sich um eine Lizenz
bewarb, musste überzeugend darstellen, dass er die
strengen Schutzmaßnahmen achtete. Die Zeit der
großen Fänge war vorbei. Der Ton in den DDR-Wo-
chenschauen und Dokumentarfilmen hatte sich grund-
legend geändert.

„Den Fischern geht es, so sehr die
Fangprämie auch lockt, durchaus nicht
nur um Tonnen. Sie denken auch an die
Zukunft der Fanggründe. Sie sind nicht
nur Jäger, sondern auch gewissenhafte
Heger. Als Mitglied internationaler Fischereiorganisationen unterstützen die
DDR-Hochseefischer deren Ziele keinen
Fischraubbau zu betreiben. Sie ziehen
nur soviel Hering an Bord wie unter Deck
ohne Qualitätsminderung sofort verarbeitet werden kann. Über den Fanggründen

wachen Beamte der Fischereiorganisationen über die Einhaltung der internationalen Abmachungen. Unsere Fischer halten sich strikt an die festgelegten Fangquoten. Für sie gehört es zum Berufsethos die Schonmaßnahmen, die jetzt für fast alle Fischarten festgelegt wurden, zu respektieren, weil damit für die Zukunft der Zuwachs an begehrtem Eiweiß aus dem Meer gewährleistet wird."

Die Hochseefischerei der DDR war in der Klemme. Die Kosten für Fanglizenzen, Forschungsfahrten und die Entwicklung der Fernfischerei liefen davon.

DIE KRISE VERSCHÄRFT SICH

Und noch etwas machte sich jetzt in der Zeit der Restriktionen immer mehr bemerkbar. Die Flotillenfischerei mit der klaren Aufgabenteilung zwischen Zubringertrawlern und Verarbeitungsschiffen war volkswirtschaftlich nicht mehr effektiv. Westliche Fischereiexperten halten sie sogar für die reinste Verschwendung.

Karl Kairat, ehemaliger Leitender Kapitän der Nordsee-Flotte: „Jetzt kommt so ein Mutterschiff mit sieben oder acht Zubringern an, in der Zeit wo es wunderbar ist und jeder hat 'n paar Fische und die haben auf dem Verarbeitungsschiff nur 120 Leute, die die filetieren können und das noch mit verhältnismäßig primitiven Mitteln, wie es bei der DDR ja war. Wenn die Kollegen das ja nicht gerne hören wollen, aber ich hab' das ja selbst gesehen. Und plötzlich haben sie mal hundert Tonnen Fisch, dann können sie die noch nicht einmal verarbeiten, dann vergammeln die auf dem Z-Trawler, denn der kann sie nicht konservieren. Der hat weder Eis noch sonst irgendetwas. Der holt sich die Fische erst einmal auf seinen Z-Trawler, dann macht er schon 20 Prozent kaputt, dann pumpt er sie wieder in den Übergabesteert und macht die nächsten 20 Prozent kaputt. Und dann kommen sie nachher auf dem Verarbeitungsschiff an. Das macht dann den Rest kaputt. Und so produzieren die dann eine Ware, die vielleicht damals in den Ostblockländern noch zu vermarkten war. Nur Weltmarktware konnten sie davon nicht machen und nur damit können sie Geld verdienen. Und außerdem ist diese ganze Zubringerfischerei so, dass sie mit einem westlichen Tarif überhaupt nicht zu machen war, weil einfach zu viele Leute daran beteiligt waren."

Lange Zeit hatten die großen Flotten des Ostblocks eine enge Zusammenarbeit gepflegt. Doch mit der Ausdehnung der Hoheitszonen auf 200 Seemeilen waren die sozialistischen Länder zu Konkurrenten um nicht geschützte Fangplätze geworden. Doch die gaben nicht viel her, denn fast neunzig Prozent des Weltfischfangs stammte aus den geschützten Zonen fremder Länder. Die Formeln von der sozialistischen Bruderschaft waren zu leerem Pathos geworden.

DDR-Wochenschau: „Die Erfolge des Sozialismus sind Erfolge der brüderlichen Zusammenarbeit. Sie hilft uns die Hauptaufgabe des Sozialismus zu lösen: Besseres Leben für alle."

Heinz Roesner, ehemaliger Fangdirektor „VEB Fischkombinat Rostock": „Die Maschinen, eine ging kaputt. Für Ersatzteile war kein Geld da, also wurde die Maschine ausgeschlachtet und die Ersatzteile als Reserve erst einmal hingelegt und beim nächsten Ausfall eingebaut. Wenn zum Beispiel sechs Maschinen einer Art gekauft worden waren, dann blieb im Endeffekt eine übrig und der Rest konnte nicht mehr eingesetzt werden und gammelte still vor sich hin. "

Länder mit guten Fanggründen nutzen die neue Situation weidlich aus.

Tagesschaubericht: „Vor der Küste vor Cornwall an der Südwestspitze von England liegt die schwimmende sowjetische Fischfabrik ANTARKTIKA aus Murmansk. Britische Trawler versorgen sie mit ihrem Fang. 200 Tonnen Makrelen täglich werden filetiert, eingesalzen oder tiefgefroren. Dann einmal im Monat abtransportiert. Die Sowjets dürfen hier zwar nicht fischen, aber nichts hindert sie daran Fisch zu kaufen. Und während man in Brüssel versucht, die eigenwilligen Briten auf eine gemeinsame EG-Fischereipolitik umzustimmen, läuft hier kaum bemerkt von der Öffentlichkeit ein Ost-West-Handel großen Stils. Damit die beiden Fabrikschiffe reibungslos versorgt werden, haben die Engländer in einem

Hotel eine Steuerzentrale eingerichtet. Sie sind froh, dass ihre großen Trawler Arbeit finden, die ja vor Island nicht mehr fischen dürfen. Auch Deutsch kann man jetzt im Hafen von Falmouth hören, denn auch andere osteuropäische Länder nutzen jetzt die Möglichkeit, sich mit Fisch aus britischen Fanggründen einzudecken. Und die Besatzungen bringen vom Einkaufsbummel an Land westliche Schallplatten und Spielzeug mit. Auch die DDR, Polen und Bulgarien müssen sich seit vergangenem Jahr an die 200 Meilen-Schutzzone der Europäischen Gemeinschaft halten."

Nach den Gesetzen der Marktwirtschaft waren die Geschäfte für die Käufer ruinös.

Karl Kairat, ehemaliger Leitender Kapitän der „Nordsee"-Flotte: „Die Geschäftspraktiken der Kollegen aus dem Osten, die konnten wir sowieso nicht verstehen. Wenn ich höre, dass Schiffe vor Namibia Holzmakrelen fangen, nach Ghana oder Nigeria verkaufen und für den geringen Erlös sich richtige Makrelen in Schottland kaufen und die dann in die DDR transportieren. Und dann hab´ ich sogar gehört, dass das ein Geschäft sein soll. Also das ist Tetje mit de Utsichten."

DAS ENDE

9. November 1989: Die Maueröffnung. Das System in der DDR hatte sich sowohl politisch als auch wirtschaftlich als nicht reformierbar erwiesen. Der Wunsch nach Freiheit und einer besseren Versorgung brachte das Regime schließlich zu Fall. Um die ohnehin der Wiedervereinigung gegenüber skeptischen EG-Partner nicht herauszufordern, verzichtete das nun größere Deutschland auf höhere Fangquoten zu Lasten anderer Länder. Mit dieser Politik war das Aus des *VEB Fischkombinat Rostock* besiegelt.

Gert Gippner, ehemaliger Fangleiter VEB Fischkombinat Rostock: „Die riesige Flotte, die wir zur Verfügung hatten, konnte ja nicht einfach versenkt werden, also wurde sie verkauft - bis auf acht Fahrzeuge. Das war eine interessante Zeit. Es kamen ja viele Spekulanten, die glaubten hier für ´ne müde symbolische Mark sich große Einheiten unter den Nagel reißen zu können. Aber ich glaube, wir haben das gut gemeistert."

Als am 3. Oktober 1990 am Brandenburger Tor die ausgelassene Wiedervereinigungsfeier stattfand, war die größte deutsche Fischfangreederei bereits liquidiert. Was ist geblieben?

Gert Gippner, ehemaliger Fangleiter „VEB Fischkombinat Rostock": „Stolz sind wir darauf, dass wir nie ein Schiff auf See gelassen haben und das ist, so glaube ich, einmalig in dieser Welt für solch eine große Flotte, über die wir im Laufe der Zeit verfügen konnten."

Nachfrage: „Würden Sie das als Glück interpretieren?"

Gert Gippner, Fangleiter Fischkombinat Rostock: „Ich werde das nie als Glück interpretieren, das ist Können."

Der Rostocker Fischereihafen wurde zur begehrten Immobilie. Die früher so typischen Berge von Kisten,

Netzen und Scherbrettern sind längt verschwun-
den. Es riecht nicht einmal mehr nach Fisch.

Zeitfracht Medien GmbH
Ferdinand-Jühlke-Straße 7
99095 Erfurt, Deutschland
produktsicherheit@kolibri360.de